La
Celestina

NEW EDITION

La Celestina

Fernando de Rojas

Adapted for intermediate students by

Marcel C. Andrade

Awarded the *Encomienda con Placa de la Orden Civil de Alfonso X el Sabio* by His Majesty King Juan Carlos I of Spain

Feldman Professor
University of North Carolina—Asheville

New York, New York   Columbus, Ohio   Chicago, Illinois   Peoria, Illinois   Woodland Hills, California

Send all Inquiries to:
Glencoe/McGraw-Hill
8787 Orion Place
Columbus, OH 43240

ISBN : 0-658-00565-0
Printed in the United States of America
2 3 4 5 6 7 8 9 10   069   08 07 06 05 04 03 02

This edition honors Mrs. Allene Highsmith, the First Lady of UNCA and widow of longtime UNCA chancellor William Highsmith.

Contents

Introduction

One of the greatest works of Spanish literature, *La Celestina* was the first of a new literary genre known as the *novela dramática* ("dramatic novel"), a narrative form characterized by dialogues of often great length. The book was first published in 1499 in an anonymous edition produced in the city of Burgos. Consisting of sixteen *autos*, or acts, this original edition was titled the *Comedia de Calisto y Melibea*, after the novel's two romantic protagonists. In 1501, a new edition appeared in Seville, this time bearing the name of Fernando de Rojas as its author. In later editions, five *autos* were added to the novel, increasing the total to twenty-one. Details in the text of *La Celestina* indicate that Fernando de Rojas was not the sole author of the work. Rodrigo de Cota and Juan de Mena were also likely contributors to the novel.

Soon after its publication, *La Celestina* came to enjoy critical esteem and popular success not only in Spain, but also throughout Western Europe. In Spain alone, an impressive sixty-six editions of the work appeared in the sixteenth century. The novel was soon translated into Italian (1506), German (1520), French (1527), and subsequently into English (1530). *La Celestina* enjoys the distinction of being the first Spanish book ever translated into English.

Through the centuries, *La Celestina* has offered its readers a rich fund of insight into human psychology, fusing, as it does, high idealism with harsh realism. The novel depicts the tragic love of Calisto and Melibea, two young aristocrats who, though wealthy, have little experience of the deviousness and corruption of the world. At their first meeting in the garden of Melibea's home, Calisto falls hopelessly in love with her. Heartbroken when Melibea does not respond in kind, Calisto seeks the advice of his crafty servant Sempronio, who suggests that his master seek a go-between who will plead his case with Melibea. Sempronio mentions Celestina as a likely choice and slyly instructs Calisto to pay her a considerable sum of money for her services as mediator. Promising to share the money with Sempronio and another servant, Pármeno, the conniving old Celestina ultimately wins the favor of Melibea and arranges a secret meeting between her and Calisto. In the course of that meeting, Melibea falls deeply in love with Calisto. Soon after, Sempronio and Pármeno come to Celestina to collect their share of the reward she received for arranging the meeting. Celestina, however, refuses to keep her promise. A violent argument ensues, leading to Celestina's death at the hands of Sempronio. At the end of Calisto and Melibea's final encounter, Calisto dies falling from a wall he was climbing to leave Melibea's garden. After a long lament, Melibea kills herself by jumping from a tower of the family mansion.

Because of its portrayal of the widest spectrum of human character and emotion, *La Celestina* has earned itself an admiring readership for nearly five hundred years. Cervantes himself referred to it as a *"libro en mi opinión divino."* Indeed, *La Celestina* has traditionally been considered second only to *Don Quijote* among the masterworks of Spanish literature. The portrayal of Celestina herself represents one of the triumphs of the book. Highly intelligent and psychologically astute, Celestina is supremely confident of her ability to manipulate her victims.

The dialogue style in which the book was written and the dramatic events of the story have given rise over the centuries to numerous adaptations for the stage and, more recently, for film. These theatrical versions have not been the works of Spanish authors alone; English, French, and German writers have tried their hand at "dramatizing" a novel that already embodies so many features of fine dramatic writing.

In this new edition, each of the twelve *actos* into which the work is divided is preceded by a prereading activity that will encourage students to use their prior knowledge and critical thinking skills to make their own special connection to the drama. Likewise, each *acto* is followed by a variety of comprehension activities to ensure student understanding. Students will be asked some general objective questions based on what is going on in the act; they also might have to sequence events or decide if given statements are true or false, correcting the false information. There is also a *¿Qué opinas?* section that appears after every act and foments classroom discussion. The new, open design of this edition is more inviting to students, and the completely new illustrations are superb visual aids that will enhance their reading enjoyment. Archaic language has been modernized and difficult constructions have been simplified. Nonetheless, every effort has been made to preserve the power and poetry of the original. This adaptation also reproduces key sections of the original novel so

that students will miss none of the episodes that have illuminated readers for centuries. To this end, each act is thoroughly annotated; students
will not be mystified by historical or obscure cultural references. To avoid
looking up unfamiliar terms in a dictionary, difficult vocabulary is glossed
at the foot of the page, and a general compilation of words can be found
in the Spanish-English *Vocabulario* at the back of the book.

La Celestina

Personajes° principales

Calisto es un joven noble y rico.
Melibea es una bella joven, noble y rica.
Celestina, el personaje central, es una alcahueta° vieja.
Sempronio es el sirviente principal de Calisto.
Pármeno es el joven sirviente de Calisto.
Pleberio es el padre de Melibea.
Alisa es la esposa de Pleberio y madre de Melibea.
Elicia es la enamorada° de Sempronio.
Areusa es la enamorada de Pármeno.
Lucrecia es la joven sirvienta de Melibea.
Tristán es un sirviente secundario de Calisto.
Sosia también es sirviente secundario de Calisto.

Argumento

Calisto,[1] un joven rico, noble y hermoso, se enamoró de Melibea.[2] Ella era la bella hija de Pleberio y Alisa, y la única heredera° a la gran fortuna de su padre. Pleberio era un constructor de navíos,° entre otras cosas.

Calisto, loco de pasión por Melibea, hizo tratos° con Celestina. La vieja Celestina era una alcahueta muy astuta, con mucha experiencia. Celestina prometió a Calisto que con sus poderes haría que Melibea lo amara.°

Sempronio y Pármeno, los sirvientes de Calisto, también lo ayudaron. Celestina explotó° la codicia° de Sempronio y Pármeno para que le fueran desleales° a Calisto. Los amantes, Calisto y Melibea, y todos los que los ayudaron encontraron un amargo° y desastroso fin.

Personajes Characters
alcahueta go-between
enamorada sweetheart
heredera heir

constructor de navíos shipbuilder
tratos deals, dealings
haría...amara would make Melibea love him

explotó exploited
codicia greed
desleales disloyal
amargo bitter

[1] In Greek, Calisto means "very handsome."
[2] *Melibea* means "voice of honey" in Greek.

Comprensión

A. Contesta las siguientes preguntas.

1. ¿Quién es el personaje principal?
2. ¿Cómo se llaman los dos amantes? ¿Cómo son?
3. ¿Quiénes son Pleberio y Alisa?
4. ¿Cómo es Celestina?
5. ¿Quiénes eran desleales?

B. ¿Qué opinas?

1. ¿Cuál es más fuerte, el amor o la codicia? ¿Por qué lo piensas?
2. ¿Qué importancia tiene para ti la lealtad de tus amigos? Discute la pregunta con tus compañeros de clase.

Antes de leer: *A veces las personas intervienen en los asuntos amorosos de los demás. ¿Te parece una buena idea? ¿Por qué?*

PRIMER ACTO

Calisto se enamora de Melibea

Un halcón de caza1 de Calisto vuela y se extravía.° Calisto lo busca. Llega a las paredes que protegen la mansión de Pleberio. Escala° las paredes y encuentra en el jardín a la bella Melibea. Al verla, se enamora de ella.

CALISTO.	¡Veo en esto la grandeza de Dios!
MELIBEA.	¿En qué, Calisto?
CALISTO.	¡En tu belleza! Gozo en verte más que los santos gozan el cielo.
MELIBEA.	¿Verme es un gran premio?°
CALISTO.	Sí. Es tan gran premio que prefiero estar aquí contigo que con los santos en el cielo.
MELIBEA.	¡Fuera° de aquí, torpe!° No tengo paciencia para tolerar torpezas.²

Al escuchar las palabras inoportunas de Calisto y al entender la situación, Melibea lo rechaza,° enfadada.° Calisto regresa a su casa muy enojado° y llama a Sempronio, su sirviente.

---

se extravía gets lost	**Fuera** Get out	**enfadada** angry
Escala He climbs	**torpe** fool	**enojado** angry
premio reward, prize	**rechaza** rejects	

[1] Falconry was a popular sport of the Spanish nobility during this period, and many practice this sport even today. This sport seems to have originated with the Arabs who invaded Spain in 711 and remained there until 1492, when they were expelled by the Catholic monarchs, Ferdinand and Isabella.

[2] Calisto breaks into the estate of Pleberio, the father of Melibea. This act alone startles Melibea. Calisto then talks to her about her beauty, comparing it to the Christian God and saints in heaven. Melibea doesn't understand fully what Calisto is saying; however, she notices that his words are inappropriate and strange. It seems that Calisto and Melibea knew of each other; nevertheless, this is the first time they have actually met.

¡Sempronio! Toca en el laúd la canción más triste que sepas.

CALISTO.	¡Sempronio! ¡Sempronio! ¿Dónde está este maldito?°³
SEMPRONIO.	Aquí, señor, cuidando° un halcón.
CALISTO.	Cierra la ventana de la alcoba y déjame en la oscuridad. ¡Quiero morir!
SEMPRONIO.	¿Qué dices?
CALISTO.	¡Fuera de aquí, Sempronio! ¡Fuera, o te mato con mis manos!
SEMPRONIO.	(Aparte.)⁴ ¿Qué será el mal° de Calisto?
CALISTO.	¡Sempronio! Toca en el laúd° la canción más triste que sepas.°
SEMPRONIO.	(Aparte.) ¡Mi amo° está loco!
CALISTO.	El amor me quema.° Prefiero el amor que ir al cielo.
SEMPRONIO.	Tú contradices con tus herejías° la religión cristiana.
CALISTO.	Yo no soy cristiano, soy melibeo.⁵ A Melibea adoro.

Sempronio se da cuenta de° que Calisto está loco de amor por Melibea.

---

maldito wretched one	**laúd** lute	**quema** burns
cuidando taking care of	**que sepas** that you know	**herejías** heresies
el mal the affliction	**amo** master	**se da cuenta de** realizes

³ Servants at the time belonged to the poorest social classes, and the indulgent, idle nobility treated them as subhumans. Servants, in turn, felt resentment and hatred toward their masters. European literature, from the earliest times, has examples of ill treatment of servants (the poor had to survive by intelligence and craftiness). In many instances, servants were smarter and, at times, more educated than their masters. Sempronio is certainly smarter than Calisto.

⁴ Aparte: an aside. The character speaks to his audience or to the reader in private, communicating inner thoughts that could not be shared with the other characters. This is a dramatic device, from the time of classical drama, and it was used for comic purposes, to expose someone's flaws, or to advance the plot. When the public was uneducated, writers had actors use the aside to make sure everything was understood in their plays.

⁵ At a time when there was intense religious persecution in Spain by the Catholic Church, this statement constituted heresy, punishable by torture or worse. Sempronio is very alarmed, but less confused than Melibea. He is also amused at the excesses of Calisto.

Calisto expresses himself in terms of courtly love, which flourished during the Middle Ages in Europe. It was a code of conduct with a set of strict rules for lovers. To the modern reader, these rules seem ridiculous. The relationship had to be secret. Lovers could not be married to each other. The man had to be humble, devoted, loyal, and had to venerate his beloved. There were courts, made up of women, that tried cases and imposed sentences on unfit lovers. Courtly love was called the religion of love.

SEMPRONIO.   ¿Entonces, Melibea no te corresponde?° ¡Tú eres her-
               moso, alto, fuerte, noble y rico!

CALISTO.   Melibea no me corresponde. Ella me aventaja.° Es más
               noble, tiene mayor fortuna, tiene muchas virtudes. Es
               hermosa. Sus cabellos de oro llegan hasta sus pies. Sus
               ojos verdes son bellos, sus pestañas° son largas, sus
               dientes son blancos, su piel es de nieve y sus manos son
               lindas.⁶ Creo que Melibea es más bella que Helena de
               Troya.⁷

Sempronio es un sirviente desleal y oportunista. Se aprovecha de la
situación para tratar de sacar dinero a su amo. Le dice que será muy difícil que Melibea lo ame.° Pero le promete que le conseguirá una entre-
vista° con Melibea por medio de una vieja bruja barbuda° que se llama
Celestina. Sempronio, entonces, muy contento con esta oportunidad, va
a la casa de Celestina.

⟶⬥⟵

Comprensión

A. Contesta las siguientes preguntas.

   1. ¿Cómo entra Calisto en el jardín de Pleberio?
   2. ¿Por qué le despide Melibea a Calisto?
   3. ¿Por qué quiere morir Calisto?
   4. ¿Para qué sirven los "apartes"?
   5. ¿Por qué quiere escuchar Calisto una canción triste?
   6. ¿Qué son herejías? ¿Y por qué las dice Calisto?
   7. Según Calisto, ¿por qué no le corresponde Melibea?

B. Indica si las siguientes oraciones son ciertas (C) o falsas (F). Corrige
   la información falsa y cita las palabras o frases del acto que apoyan la
   información.

---

no te corresponde does
   not return your love
Ella me aventaja. She is
   better than I.

pestañas eyelashes
que...ame for Melibea to
   love him
entrevista interview

vieja bruja barbuda old,
   bearded witch

⁶ The physical description of Melibea may have been inspired by *The Song of Solomon*
(*Song of Songs*) (*Cantar de los cantares* in Spanish).

⁷ Helen of Troy was a mythological Greek princess and was thought to be the most beautiful woman in the world. When the Trojan prince Paris carried her off to Troy, the
Greek army followed and, in the Trojan War, defeated the city of Troy.

1. Calisto va a la casa de Melibea en busca de un perro perdido.
2. A Calisto le encanta Melibea.
3. A Melibea le ofenden las palabras de Calisto.
4. A Calisto no le importa el rechazo de Melibea.
5. Sempronio trabaja para Melibea.
6. Sempronio no comprende qué le pasa a Calisto.
7. Sempronio sabe que Calisto es atractivo y deseable.
8. Sempronio es un sirviente muy fiel.
9. Sempronio promete ayudar a Calisto para que Melibea se enamore de él.
10. Celestina es una mujer joven.

C. ¿Qué opinas?

1. ¿Crees en el amor a primera vista? ¿Conoces a personas que se hayan enamorado a primera vista? Explica tu punto de vista.
2. Con tus compañeros de clase, discute la conducta de los amantes de aquella época. ¿En qué se parece a la conducta de los novios de hoy día? ¿En qué se diferencia?

SEGUNDO ACTO

Celestina entra en acción

Sempronio, al ver a Celestina, le informa que Calisto está locamente enamorado de Melibea. Le dice también que sacarán gran provecho° de esta situación por la experiencia de Celestina como alcahueta. Celestina y Sempronio se dirigen entonces a° casa de Calisto. Mientras tanto, Pármeno, un joven sirviente leal a Calisto, le advierte° a su amo que Celestina es peligrosa. Le dice que no debe confiarse de ella. Pármeno describe los varios trabajos de Celestina: costurera,° perfumera, maestra de hacer cosméticos, alcahueta y hechicera.° Calisto no escucha a Pármeno. Abre la puerta y saluda a Celestina.

CALISTO.   ¡Ya veo a Celestina! ¡Mira qué reverenda persona! ¡Por la cara se conoce su virtud interior!

CELESTINA.   (*Aparte.*) Sempronio, el tonto de tu amo es inoportuno. Dile que cierre la boca y abra la bolsa.

CALISTO.   ¿Qué dijo Celestina? Me parece que quería un regalo. Trae las llaves, Sempronio. Voy a darle un buen regalo.

Calisto y Sempronio van por el regalo. Mientras tanto Celestina convence al leal Pármeno que se una° a ella y a Sempronio y que no proteja° a Calisto. En cambio, Celestina le presentará a una bella muchacha que se llama Areusa. Regresan entonces Calisto y Sempronio.

CALISTO.   Madre Celestina, recibe este pobre regalo y con él mi vida.

CELESTINA.   Tu generosidad es mejor que estas monedas de oro que me das.

---

sacarán gran provecho they will reap great profit, benefit
se...a then head toward

advierte warns
costurera seamstress
hechicera witch

se una he should join
no proteja should not protect

CALISTO.   Ve y gástalas, Celestina, en cosas para tu casa. Luego, regresa y consuela mi casa.°

CELESTINA.   ¡Adiós!

CALISTO.   Dios te guarde.

Celestina, muy contenta, sale a cumplir el encargo° de Calisto. Calisto quiere saber si hizo bien. Habla con los sirvientes como si fueran° sus hermanos.[1]

CALISTO.   Hermanos míos, di cien monedas de oro a Celestina. ¿Está bien?

SEMPRONIO.   Sí, hiciste bien. ¡Qué glorioso es dar! ¡Qué miserable es recibir!

CALISTO.   Sempronio, no está bien que ella vaya° sola. Ve con Celestina y apúrala.° Mi salud depende de su éxito.

Sempronio va a casa de Celestina. Pármeno trata otra vez de prevenir° a Calisto sobre los peligros de Celestina. Le dice que Celestina fue emplumada° tres veces.[2] Calisto, muy irritado, le acusa a Pármeno de envidia° y rivalidad hacia Sempronio. Para Pármeno, todo su esfuerzo es inútil.°

━━━◆◆◆━━━

Comprensión

A. Contesta las siguientes preguntas.

1. ¿Qué piensan obtener Celestina y Sempronio de Calisto?
2. ¿Qué advierte Pármeno a Calisto?
3. ¿Cuáles eran los trabajos de Celestina?
4. ¿Qué le promete Celestina a Pármeno?
5. ¿Qué le da Calisto a Celestina? ¿Para qué?

---

consuela mi casa bring consolation to my house	**como si fueran** as if they were	**prevenir** to warn
	vaya goes	**emplumada** feathered
encargo assignment	**apúrala** hurry her	**envidia** envy
		inútil useless

[1] Calisto, hoping for loyalty and consumed by anxiety, steps out of his natural role as a nobleman. He treats his servants improperly, with excessive familiarity and as his equals (brothers).

[2] As a punishment for certain crimes, such as witchcraft, the accused would be tarred and feathered.

6. ¿Qué dice Sempronio sobre los regalos? ¿Le crees?

7. Según Pármeno, ¿cómo habían castigado a Celestina?

B. Pon en orden cronológico (1–6) los siguientes acontecimientos del acto.

_6_ Pármeno informa a su amo del peligro de tratar con Celestina.

_5_ Sempronio habla con Celestina sobre qué piensa Calisto de Melibea.

_1_ Pármeno le describe a su amo los muchos trabajos de la alcahueta.

_2_ Sempronio acompaña a Celestina a su casa.

_3_ Pármeno le habla otra vez a Calisto del peligro de tratar con Celestina.

_4_ Calisto le da dinero a Celestina.

C. ¿Qué opinas?

1. ¿Crees que una persona como Celestina puede ser útil en hacer que dos personas se enamoren la una de la otra? ¿O crees más bien que una persona como ella puede causarle daño a la pareja? Explica tu punto de vista.

2. ¿Qué piensas de una persona que siempre trata de sacar provecho de cada situación? ¿Por qué opinas así?

3. ¿Hizo bien Calisto en hablar a sus sirvientes como si fueran sus hermanos? Comparte tus opiniones con tus compañeros de clase.

Antes de leer: *¿Qué prefieres, prepararte bien o dejar que todo sea espontáneo? ¿Qué tipo de planes o preparativos crees que hará Celestina?*

TERCER ACTO

Celestina se prepara a cumplir su misión

En la casa de Celestina, Sempronio trata de apurarla para hacer los tratos con Melibea.

SEMPRONIO.	Calisto tiene prisa.
CELESTINA.	Los amantes sin experiencia son impacientes.
SEMPRONIO.	Saquemos provecho mientras esto dure.°
CELESTINA.	¡Bien has dicho!
SEMPRONIO.	¿Qué sucedió con Pármeno?
CELESTINA.	Lo convertiré a nuestro lado. Le presentaré a Areusa.
SEMPRONIO.	¿Crees que podrás alcanzar algo de Melibea?
CELESTINA.	No hay cirujano[1] que cure en una sola visita. Iré a la casa de Pleberio, su padre. Aunque Melibea esté enojada con Calisto, la conquistaré.°
SEMPRONIO.	¡Cuidado! Piensa que Pleberio es poderoso,° y Alisa, su esposa, es celosa y brava.° Y tú, Celestina, eres la misma sospecha.° Vas a ir por lana y venir trasquilada.[2]
CELESTINA.	¿Trasquilada, hijo?
SEMPRONIO.	O emplumada, madre, que es peor.

---

dure lasts
la conquistaré I will win her over

poderoso powerful
brava ill-tempered

la misma sospecha suspicion itself

[1] *cirujano:* During the time of *La Celestina*, surgeons, physicians, druggists, and barbers all practiced medicine in some form. Celestina compares herself to the surgeons because of her professionalism. She is very self-confident.

[2] This is a saying that could be translated as "Go for wool and come back shorn." In other words, she could get burned by her actions.

Sempronio regresa a casa de Calisto. Celestina se queda sola. Llama a Elicia y le manda que traiga aceite de serpiente, un papel escrito con sangre de murciélago,° un ala de dragón, una piel de gato negro, ojos de loba° y barbas de cabra.° Al salir Elicia, Celestina conjura a Plutón[3] con todas estas cosas de brujería.° Le pide su ayuda con Melibea. Luego guarda todos los artefactos° y va a la casa de Melibea. Se habla° en el camino.

CELESTINA. Hay peligro en hacer estas cosas. Así dice Sempronio. Pero soy osada° y me he visto en peores situaciones. ¡Adelante,° Celestina! Además, no he visto hoy malos agüeros.°

Celestina lleva consigo una cesta con hilos° de colores. Tratará de venderlos en la casa de Melibea.[4]

Comprensión

A. Contesta las siguientes preguntas.

1. ¿Qué cree Celestina de los amantes impacientes?
2. ¿Cómo convertirá Celestina a Pármeno?
3. ¿Qué advierte Sempronio a Celestina?
4. ¿Por qué dice Sempronio, "O emplumada, madre, que es peor"?
5. ¿A quién llama Celestina? ¿Qué le pide?
6. ¿Qué le pide Celestina a Plutón?
7. ¿Qué dice Celestina de sí misma?
8. ¿Qué lleva Celestina en la cesta? ¿Por qué?

B. ¿Qué opinas?

Aun en la actualidad, la brujería es el tema de novelas, películas y programas de televisión. ¿Por qué crees que la brujería sigue de interés para las personas? Discute el tema con tus compañeros de clase.

---

murciélago bat	**brujería** witchcraft	**osada** daring
loba female wolf	**artefactos** devices	**Adelante** Onward
barbas de cabra goat's whiskers	**Se habla** She talks to herself	**agüeros** omens
		hilos threads

[3] *Plutón:* In mythology, Pluto (in Greek mythology, Hades) is the king of hell and god of the dead.

[4] Many people walked from house to house peddling their services: locksmiths, barbers, medicine men and women, seamstresses, and even religious people administering religious services. It wasn't unusual for Celestina to peddle her colored threads.

Antes de leer: *¿Crees que Celestina va a conquistar a Melibea y a Alisa? ¿Dejarías a Celestina entrar en tu casa? ¿Por qué?*

CUARTO ACTO

Celestina entra en la casa de Melibea

Cuando Celestina llega a la casa de Melibea, ve a Lucrecia en la puerta. Lucrecia es prima de Elicia y sirvienta de Melibea. Lucrecia se sorprende de ver a Celestina y supone° que ella tiene malas intenciones. Celestina le dice que quiere ver a Alisa y Melibea para venderles hilo. Lucrecia recuerda que su señora está tejiendo y necesita ese hilo.

Alisa, la madre de Melibea, llama a Lucrecia desde adentro y le pregunta con quién habla. Lucrecia dice que tiene vergüenza° de decir el nombre. Consiente ante la insistencia de Alisa y le dice: "Es Celestina". Se ríe Alisa[1] y pide que suba Celestina.

CELESTINA. Buena señora, la paz de Dios sea contigo.[2] No he venido antes de ahora por mis enfermedades. Necesito dinero y vengo a venderte este hilo que sé que necesitas.

ALISA. Mujer honrada,° siento compasión por ti. Te pagaré bien por tu hilo.

Alisa entonces le pide a Melibea que se quede con Celestina un momento. Alisa se despide de ellas porque tiene que ir a visitar a su hermana. Celestina se alegra de ver tan brillante ocasión° para su plan.

CELESTINA. (*Aparte.*) ¡Plutón ha creado esta oportunidad!

---

supone supposes
tiene vergüenza is ashamed

honrada honest
ocasión chance, opportunity

[1] Alisa shows her stupidity when she lets Celestina in her home, especially since Celestina's reputation is well known.

[2] The *tú* form, coming from the Latin *tú*, was standard usage at the time *La Celestina* was written. The pronoun *vos* was often used to express reverence at this time.

Quiero llevar una palabra tuya a un enfermo quien muere.

Una vez solas, Celestina le habla a Melibea de los placeres° de la juventud y los achaques° de la vejez. Le explica también que ha venido por otra razón.

CELESTINA.   Quiero llevar una palabra tuya a un enfermo quien muere.

MELIBEA.   No temas. Dime, ¿quién es?

CELESTINA.   Su enfermedad es secreta.

MELIBEA.   ¡No dilates° más! Dime.

CELESTINA.   Un joven gentil, de clara sangre,° que se llama Calisto.

Melibea reacciona indignada al oír el nombre de Calisto.

MELIBEA.   ¡Debes ser quemada, alcahueta falsa y mentirosa!° ¡Lucrecia, quítala de aquí! ¡Estoy furiosa! El mal del saltaparedes° es la locura.

CELESTINA.   (Aparte.) ¡Plutón, ayúdame!

MELIBEA.   ¿Sigues hablando para enojarme más?

CELESTINA.   (Aparte.) Más fuerte estaba Troya³ y a otras más enojadas he amansado.° Una tempestad no dura mucho tiempo.

MELIBEA.   ¡Habla! ¿Tienes disculpas para tu osadía?°

CELESTINA.   La verdad es que necesito una oración° que tú sabes y tu cordón santo.⁴ Calisto tiene dolor de muelas,° y eso lo curará. Ésta es la verdadera razón por que vine.

MELIBEA.   Si eso querías, ¿por qué no lo expresaste?

CELESTINA.   Mi motivo era limpio. No pensé que sospecharías mal.

---

placeres pleasures
achaques aches and pains
dilates stall, prolong
clara sangre clear or pure blood

mentirosa lying
saltaparedes (literally) wall-jumper
amansado tamed

osadía nerve
oración prayer
dolor de muelas toothache

³ Troy was held in siege by the Greeks for ten years. The story of this war was immortalized by Homer in the *Iliad*.

⁴ *cordón santo:* Some Catholics attribute curative powers to sacred relics. Celestina explains to Melibea that the *cordón* (which was probably a cord used to tie religious habits) was known for having touched all the relics in Rome and Jerusalem. In so doing, the cord supposedly acquired the power to cure pain.

Melibea se calma con las razones que le da Celestina. Celestina se aprovecha de esta oportunidad para decirle que Calisto es hermoso, gracioso, alegre y noble. Le dice también que es tan bello como un ángel. Le informa que tiene veintitrés años de edad y toca en el laúd canciones muy tristes. Melibea se interesa. Le da a Celestina el cordón y promete verla nuevamente. Celestina, muy contenta, se dirige ahora a casa de Calisto.

Comprensión

A. Contesta las siguientes preguntas.

1. ¿Quiénes son Lucrecia, Alisa, Elicia y Melibea?
2. ¿Qué pregunta Alisa? ¿Qué responde Lucrecia?
3. Al principio, ¿de qué habla Celestina a Melibea?
4. ¿Cómo empieza a hablar Celestina de Calisto?
5. ¿Qué quiere decir *saltaparedes?* ¿A quién se refiere?
6. Según Celestina, ¿qué es la verdadera razón por su visita?
7. ¿Cómo describe Celestina a Calisto?

B. Indica si las siguientes oraciones son ciertas (C) o falsas (F). Corrige la información falsa y cita las palabras o frases del acto que apoyan la información.

1. A la sirvienta de Melibea le da mucho gusto decir el nombre de Celestina.
2. Celestina llega a la casa de Melibea para venderle hilos.
3. Alisa hace bien en permitir que entre Celestina en la casa.
4. Alisa está presente con su hija durante la visita de Celestina.
5. Al principio Melibea reacciona mal al oír el nombre de Calisto.
6. Celestina logra cambiar la opinión de Melibea hacia Calisto.

C. ¿Qué opinas?

1. Celestina es una mujer de negocios muy astuta. ¿Estás de acuerdo o no con esta descripción? Cita ejemplos del acto para apoyar tu respuesta.
2. Alisa se va, dejando sola a su hija Melibea con Celestina. ¿Qué piensas de Alisa? Comparte tus opiniones con tus compañeros de clase.
3. ¿Por qué crees que Melibea comienza a interesarse por Calisto? Explica tu respuesta.

Antes de leer: *Muchas personas son motivadas por la codicia. ¿Qué consecuencias puede producir?*

QUINTO ACTO

Celestina trae consuelo a la casa de Calisto

Celestina llega a la casa de Calisto con Sempronio. Al verla, Calisto la recibe con gran emoción. Pármeno, por su parte, sospecha que Celestina obtendrá más dinero aun de Calisto y no lo compartirá° ni con él ni con Sempronio. Sempronio, por otra parte, piensa que Celestina es mala y falsa, pero se consuela porque cree que le dará parte de los cien doblones* de oro. Calisto le habla a Celestina.

CALISTO.   Dime lo que pasó o mátame con esta espada.

CELESTINA.   Te quiero dar la vida con la esperanza.

CALISTO.   ¿Qué pasó?

CELESTINA.   La ira° de Melibea se convirtió en miel. Te traigo su cordón santo.

CALISTO.   Es una joya y mi gloria. ¡Pármeno! Corre al sastre° y manda que corte un manto° y una saya° para Celestina.

CELESTINA.   Toma el cordón. Yo te daré a Melibea. Me voy. Regresaré mañana por mi manto. Distráete° en otras cosas, Calisto. No pienses en Melibea.

CALISTO.   Eso no. No puedo olvidar a Melibea ni por un instante.

Calisto manda a Sempronio y Pármeno que acompañen a Celestina a su casa. Mientras tanto dice que la fortuna le sigue adversa y que su vida es

---

no lo compartirá will not share it
ira rage, anger

sastre tailor
manto shawl
saya skirt

Distráete Amuse yourself

* In the sixteenth century, the Catholic monarchs, Ferdinand and Isabella, ordered a 23-karat gold doubloon minted. The coin had the face of Ferdinand on one side and Isabella on the other.

penosa° sin Melibea. Dice también que es herejía no pensar en Melibea. Celestina aconseja a Calisto que se temple° y que trate al cordón como cordón para que no se confunda° al ver a Melibea.

CELESTINA.   Debes saber la diferencia entre Melibea y su cordón. No puedes hablar igual a Melibea y al vestido.

Calisto se queda solo, lamentándose de su soledad.

Comprensión

A. Contesta las siguientes preguntas.

1. ¿Qué piensa Sempronio de Celestina?
2. ¿Cómo saluda Calisto a Celestina?
3. ¿Qué trae Celestina a Calisto?
4. ¿Qué va a recibir de regalo Celestina?
5. ¿Qué aconseja Celestina a Calisto?
6. ¿Qué manda hacer Calisto a sus sirvientes?
7. Según Calisto, ¿cómo es la vida sin Melibea?
8. ¿Qué dice Calisto que es herejía?

B. ¿Qué opinas?

Se dice que el amor es una forma de locura. ¿Estás de acuerdo con esto? ¿Por qué? Discute tus opiniones con tus compañeros de clase.

---

penosa sorrowful
se temple to control
  himself

no se confunda he doesn't
  become confused

Antes de leer: *¿Qué hacemos los seres humanos para convencer a los demás? ¿Cómo crees que Celestina va a persuadir a Pármeno? Haz una predicción.*

SEXTO ACTO

Celestina convence a Pármeno

Celestina tiene miedo de que Pármeno murmure° contra ella. No quiere que Calisto la despida.° Ya en su casa, Celestina le habla a Pármeno de su niñez y de Claudina, la madre de Pármeno. Le cuenta que Claudina era su gran amiga. También era bruja como Celestina. Le pide a Pármeno que le sea leal como lo fue Claudina. Pármeno, ya convencido, le pregunta a Celestina por la prometida Areusa. Celestina sube al cuarto de Areusa y ve que está allí otro enamorado. Celestina convence a Areusa que lo despache° y que vea a Pármeno. Areusa consiente y habla con Pármeno.

PÁRMENO.	Señora, ¡Dios salve tu graciosa presencia![1]
AREUSA.	¡Gentil hombre! ¡Bienvenido seas!
CELESTINA.	Ven aquí, Pármeno asno.° ¿Por qué te vas a sentar en ese rincón?[2]
PÁRMENO.	*(Aparte.)* Celestina, madre, Areusa es bella y me muero de amor por ella.
AREUSA.	Madre, ¿qué dice Pármeno?
CELESTINA.	Dice que quiere tu amistad. Dice también que desde este momento promete ser muy leal a Sempronio y estar contra Calisto. ¿Lo prometes, Pármeno?

---

murmure gossip, tell tales   **despache** send away, get   **asno** jackass
la despida to fire her   rid of

[1] Notice that the servants mimic the actions of their masters. They speak with the flowery flair of Calisto and Melibea. Pármeno seems to be the counterpart of Calisto; and Areusa, the counterpart of Melibea.

[2] Evidently, the young, shy, and inexperienced Pármeno sits terrified in a corner, on the floor, facing the wall. Celestina makes the situation comical.

PÁRMENO.   Sí, lo prometo sin duda.

Celestina está muy satisfecha porque Pármeno finalmente está a su lado.

Comprensión

A. Contesta las siguientes preguntas.

1. ¿De qué tiene miedo Celestina?
2. ¿De qué le habla Celestina a Pármeno? ¿Qué le pide a él?
3. ¿Qué quiere Pármeno?
4. ¿Por qué no puede bajar inmediatamente Areusa?
5. ¿Por qué se hablan Pármeno y Areusa como si fueran nobles?
6. ¿Cómo sabes que Pármeno es tímido?
7. ¿Qué promete Pármeno?

B. Indica si las siguientes oraciones son ciertas (C) o falsas (F). Corrige la información falsa y cita las palabras o frases del acto que apoyan la información.

1. Celestina no se fía de Pármeno.
2. Celestina no conocía a la madre de Pármeno.
3. Claudina era una señora noble.
4. Areusa siempre ha amado a Pármeno.
5. Celestina logra engañar completamente a Pármeno.

C. ¿Qué opinas?

1. ¿Qué piensas de la manera en que Celestina obtiene la promesa y la lealtad de Pármeno? ¿Crees lo que le dice a Pármeno? Explica tu respuesta.
2. ¿Por qué crees que Areusa despachó a su enamorado para hablar con Pármeno? ¿Será por amor o puede haber otra razón? Comparte tus ideas con tus compañeros de clase.

Antes de leer: *En este acto, Elicia y Areusa muestran celos de Melibea. Hasta ahora, ¿qué otras características negativas muestran los personajes? ¿Hay alguno que muestra algo positivo?*

SÉPTIMO ACTO

El banquete de celebración de Celestina

Calisto, en su mansión, está melancólico. Ni duerme ni está despierto. Recita poesías. Sempronio y Pármeno lo escuchan y se ríen de él aparte. Calisto va a la iglesia de la Magdalena para rogar a Dios que Celestina consiga su deseo.*

Mientras tanto, los sirvientes van a un banquete de celebración en la casa de Celestina. Al verlos, Celestina les dice:

CELESTINA.	¡Oh, mis perlas de oro!
PÁRMENO.	¡Qué palabras tiene la noble Celestina!
SEMPRONIO.	(*Aparte.*) Ves, hermano, sus halagos° son fingidos.°
CELESTINA.	¡Elicia! ¡Areusa! Vengan. Aquí están dos señores. Es hora de comer.
	(*Sempronio se sienta junto a Elicia, y Pármeno junto a Areusa.*)
ELICIA.	¡Yo soy tan hermosa como Melibea! Lo único mejor que tiene ella es la ropa fina.
AREUSA.	Cuando se levanta Melibea por la mañana, tiene untada° en la cara hiel,° miel e higos pasados.° Sus riquezas la hacen bella, no las gracias de su cuerpo. ¿Por qué no busca Calisto una de nosotras? Somos más bellas.

---

halagos flattery, compliments   **fingidos** pretended, false   **hiel** gall
untada smeared   **higos pasados** overripe figs

* The prayer of Calisto is totally out of spirit. He is praying for his own personal gratification. In doing so, he makes the situation comical as well as sacrilegious.

SEMPRONIO.   Calisto y Melibea son nobles y se buscan los unos a los otros. Por eso, él quiere a ella y no quiere a una de ustedes.

ELICIA.   ¿Oyes lo que dice Sempronio? ¡No quiero comer con este malvado!°

CELESTINA.   No respondas, Sempronio. Está enojada porque has alabado° a Melibea.

Alguien toca a la puerta. Elicia sale para averiguar quién es.

ELICIA.   ¡Celestina! Lucrecia ha venido.

     (*Entra Lucrecia, apurada.*)

LUCRECIA.   Celestina, mi señorita Melibea quiere su cordón santo. También quiere que vayas a verla. Además, tiene gran dolor del corazón. (Aparte.) Celestina es una hechicera traidora° y falsa.

CELESTINA.   Vamos a Melibea. Aquí tengo su cordón santo.

Terminan todos el banquete y se despiden. Celestina y Lucrecia se dirigen a la mansión de Melibea.

Comprensión

A. Contesta las siguientes preguntas.

     1. ¿Qué hace Calisto en su mansión?
     2. ¿Por qué se ríen de él Sempronio y Pármeno?
     3. ¿Por qué va Calisto a una iglesia?
     4. ¿Adónde van los sirvientes?
     5. ¿Qué dice Elicia de Melibea?
     6. ¿Qué dice Areusa de Melibea?
     7. ¿Por qué Elicia se enoja con Sempronio?
     8. ¿Por qué llega Lucrecia? ¿Qué quiere?

---

malvado wicked man   **has alabado** you have praised   **traidora** disloyal

B. ¿Qué opinas?

1. Elicia y Areusa están celosas de Melibea. Dicen que los hombres sólo se enamoran de ella por su riqueza, su ropa fina y su nobleza. En realidad, ¿qué hace que una persona se enamore de otra? Comparte tus ideas con tus compañeros de clase.

2. Aun con todas sus faltas, parece que Celestina comprende muy bien la psicología. Si tuvieras un problema, ¿pedirías consejos a Celestina? ¿Por qué? Explica tu respuesta.

Antes de leer: *En esta obra, Celestina manipula a los amantes y a los sirvientes. En nuestra cultura, ¿quiénes manipulan a las masas? ¿Cómo lo hacen?*

OCTAVO ACTO

Melibea sucumbe° al amor

Melibea espera a Celestina en su mansión. Está impaciente y quiere ver a Calisto. Llegan Celestina y Lucrecia. Melibea le dice a Celestina que siente que serpientes le comen el corazón. Celestina sabe que es el mal del amor y sabe también que ahora Melibea está bajo su poder.° Melibea se queja:

MELIBEA.	El dolor del amor me priva el seso.°
CELESTINA.	¿Es el nombre Calisto veneno° para ti? Si me prometes silencio, verás cómo soluciono todo.
MELIBEA.	Te doy mi fe.° Y te daré regalos si siento alivio.°
LUCRECIA.	(*Aparte.*) ¡El seso ha perdido mi señorita!
CELESTINA.	(*Aparte.*) ¡Plutón me libró° de Pármeno, y me topo° ahora con Lucrecia!
MELIBEA.	¿Qué dices, Celestina?
CELESTINA.	Melibea, manda que salga Lucrecia porque tiene un corazón débil. ¿Me perdonas, Lucrecia, hija?
MELIBEA.	¡Sal, Lucrecia! ¡Pronto!
LUCRECIA.	(*Aparte.*) Todo se ha perdido.
	(*Sale Lucrecia. Melibea hace más preguntas.*)
MELIBEA.	¿Cómo se llama mi dolor?
CELESTINA.	Se llama amor dulce, y es un fuego escondido.

---

sucumbe gives in, succumbs
bajo su poder under her control
me...seso deprives me of my reason
veneno poison
Te...fe. I give you my word.
alivio relief
me libró freed me
me topo I run up against

MELIBEA.	¿Cuál es el remedio?
CELESTINA.	Calisto. Pronto yo los juntaré, y los deseos de los dos serán cumplidos.°
MELIBEA.	¡Oh, mi Calisto y mi señor! Celestina, mi madre y señora, hazme verlo.
CELESTINA.	Lo verás y vas a hablar con él.
MELIBEA.	¿Cómo? ¡Es imposible!
CELESTINA.	Nada es imposible. Le hablarás por entre° las puertas de tu casa.
MELIBEA.	¿Cuándo?
CELESTINA.	Esta noche, a la medianoche... Ya viene tu madre Alisa. ¡Adiós!

Celestina se va y Melibea le pide a Lucrecia que guarde en secreto° lo que escuchó. Lucrecia promete hacerlo.

Alisa ve salir a Celestina y le pregunta por qué viene tan frecuentemente. Celestina dice que Melibea necesita más hilo.

Luego al ver a su hija, Alisa le pregunta qué quería Celestina. Melibea responde que quería venderle solimán.° Alisa nota la contradicción y advierte a Melibea que Celestina es peligrosa.* Dice también que la verdadera virtud es más temible° que la espada. Las advertencias de Alisa no tienen ahora ningún efecto en Melibea. Ella verá a Calisto.

———◆———

Comprensión

A. Contesta las siguientes preguntas.

1. ¿Qué problema tiene Melibea cuando llegan Lucrecia y Celestina?
2. ¿Por qué está Melibea bajo el poder de Celestina?
3. ¿Qué piensa Lucrecia? ¿Es Lucrecia leal a Melibea?
4. ¿Qué piensa Celestina de Lucrecia?

---

cumplidos fulfilled
por entre through

guarde en secreto keep secret

solimán skin spot remover
temible fearful

* Although Alisa warns Melibea against Celestina, her warning is weak and too late.

5. ¿Cómo despacha Celestina a Lucrecia?
6. ¿Qué es el dolor de Melibea? ¿Cuál es el remedio?
7. ¿Cuándo y cómo verá Melibea a Calisto?
8. ¿Qué mentira le dice Celestina a Alisa? ¿Qué mentira le dice Melibea?

B. Indica si las siguientes oraciones son ciertas (C) o falsas (F). Corrige la información falsa y cita las palabras o frases del acto que apoyan la información.

1. Melibea está verdaderamente enamorada de Calisto.
2. Celestina no ha podido manipular a Melibea.
3. Melibea está dispuesta a hacer cualquier cosa por lograr el amor de Calisto.
4. Lucrecia sospecha los motivos de Celestina.
5. Alisa tiene mucha confianza en Celestina.
6. Melibea toma en serio las advertencias de su madre.

C. ¿Qué opinas?

1. Celestina dice que en este mundo "nada es imposible". ¿Estás de acuerdo? ¿Por qué? Explica tu respuesta.
2. Escribe tu propia descripción del amor y los efectos que tiene. Ahora, busca ejemplos en este acto y en otros de los efectos del amor. ¿En qué se parecen tus ideas y las de la obra? ¿En qué se diferencian?
3. En realidad, ¿es la virtud verdadera más temible que la espada? Discute el tema con tus compañeros de clase.

Antes de leer: *Al principio de la obra, Pármeno era el sirviente leal. Ahora muestra su deslealtad y codicia. ¿A qué se deben los cambios tan notables en la gente?*

NOVENO ACTO

La dulce noticia

En la iglesia de la Magdalena, Calisto reza° y pide en sus oraciones que Melibea lo corresponda. Al volver a su casa ve a Celestina, Sempronio y Pármeno, quienes lo esperan. Calisto le llama a Celestina "joya del mundo". Celestina le trae muchas buenas noticias de Melibea. Le dice que Melibea es suya. Como premio, Calisto le da a Celestina una gran cadena de oro para que se la ponga al cuello. Entonces Celestina le dice:

CELESTINA. Calisto, Melibea desea verte.

CALISTO. ¿Estoy yo aquí? ¿Oigo esto? ¿Estoy despierto? ¡Di la verdad, Celestina!

CELESTINA. Está prevenido° con ella que al dar las doce,° le hablarás por entre sus puertas.

CALISTO. ¡No soy merecedor° de tanta merced!°

CELESTINA. He cumplido mi encargo. Te dejo alegre. ¡Me voy muy contenta! ¡Adiós, Calisto!

PÁRMENO. *(Aparte.)* ¡Ji, ji, ji!

SEMPRONIO. *(Aparte.)* ¿De qué te ríes, Pármeno?

PÁRMENO. *(Aparte.)* De la prisa que tiene Celestina en irse. Quiere despegar° la cadena de esta casa rápidamente. No se cree digna de ella, como Calisto no es digno de Melibea.

SEMPRONIO. *(Aparte.)* Las alcahuetas no piensan sino en ponerse a salvo° cuando tienen oro. Ella no va a compartir la

---

reza prays	stroke of midnight	**despegar** to remove
prevenido arranged	**merecedor** worthy	**ponerse a salvo** to be on
al dar las doce at the	**merced** mercy	safe ground

cadena con nosotros. Le sacaremos el alma° si no la comparte.

CALISTO. Son las diez de la noche. Dormiré un poco, y a las once iremos encubiertos° a la casa de Melibea.

Calisto se acuesta y duerme una hora.

Comprensión

A. Contesta las siguientes preguntas.

1. ¿Qué le da Calisto a Celestina? ¿Por qué?
2. Melibea quiere ver a Calisto. ¿Cómo reacciona Calisto a las noticias?
3. ¿Cuándo hablarán los dos novios?
4. ¿Ha terminado todo su trabajo Celestina?
5. Para los sirvientes de Calisto, ¿cuál es el significado de esto?
6. Según Pármeno, ¿por qué tiene prisa de salir Celestina?
7. ¿Qué piensa Sempronio de las alcahuetas que tienen oro?
8. ¿Qué sospechan Sempronio y Pármeno?

B. ¿Qué opinas?

1. ¿Una reunión a la medianoche es un agüero bueno o malo? ¿Por qué? Explica tu respuesta.
2. Pármeno dice que Celestina no se cree digna de la cadena de oro y que Calisto no es digno de Melibea. ¿Cómo explicas este comentario? ¿Es posible que Pármeno ya no estima a sí mismo y por eso critica a los demás? Discute tus ideas con tus compañeros de clase.
3. Por su trabajo Celestina ha recibido varios regalos además del dinero. ¿Qué crees que van a recibir Sempronio y Pármeno: la mitad de todo, una pequeña parte de todo o nada? Compara tu predicción con las de tus compañeros de clase.

---

alma soul   **encubiertos** cloaked

Antes de leer: ¿Cómo será el encuentro de Calisto y Melibea? A veces si quieres algo con todo el corazón, te puedes decepcionar más fácilmente cuando por fin lo consigues. ¿Por qué será?

DÉCIMO ACTO

El encuentro de Calisto y Melibea

A la medianoche, Calisto, Sempronio y Pármeno van a la casa de Melibea. Calisto, después de vacilar,° se acerca a la puerta y oye la voz de Lucrecia. Cree que ha sido engañado;° sin embargo, reconoce la voz de Melibea.

MELIBEA.	¿Quién te mandó venir? ¿Cómo te llamas?
CALISTO.	Yo soy tu siervo,° Calisto. ¡No temas mostrar tu belleza!
MELIBEA.	La osadía de tus mensajes me ha forzado a hablarte.
CALISTO.	¡Celestina me ha engañado! ¡Me dijo que me amabas!
MELIBEA.	Tú lloras de tristeza porque me juzgas° cruel. Yo lloro de placer porque te veo tan fiel.° Lo que te dijo Celestina es verdad.
CALISTO.	¡Oh, señora mía! ¿Qué lengua será bastante para agradecerte?° ¡No creo que soy Calisto!
MELIBEA.	Tú mucho mereces. Desde que supe de ti, has estado en mi corazón. Estas puertas nos impiden° estar juntos.
CALISTO.	Haré que mis sirvientes las derriben.°
MELIBEA.	No. ¿Quieres perderme a mí y dañar mi fama? Seremos descubiertos. Ven mañana a estas horas por las paredes de mi huerto.°

---

vacilar hesitating
ha sido engañado has been deceived
siervo slave

me juzgas you consider me
fiel faithful
agradecerte to thank you
impiden hinder, prevent

las derriben knock them down
huerto garden

Desde que supe de ti, has estado en mi corazón.

PÁRMENO.	(*Aparte.*) ¡Calisto está loco! Quiere derribar las puertas... ¡Oigo ruido de gente!
SEMPRONIO.	No temas, Pármeno, estamos a buena distancia. Podemos huir.°
CALISTO.	Melibea, vendré mañana por el huerto. ¡Adiós!
MELIBEA.	¡Adiós! Que Dios vaya contigo.

Pleberio, en su alcoba, oye el ruido en las habitaciones de su casa. Pregunta a su esposa:

PLEBERIO.	Alisa, ¿oyes ruidos por la alcoba de Melibea?
ALISA.	Sí, los oigo. ¡Melibea! ¡Melibea!
PLEBERIO.	Hija mía, ¿qué ruido es ese?
MELIBEA.	¡Señor! Es Lucrecia que fue a buscar un jarro de agua para mi sed.
PLEBERIO.	Duerme, hija, duerme.
MELIBEA.	(*Aparte.*) ¡Si mi padre lo supiera!°

Melibea, turbada° por lo que ha pasado, finalmente reposa.°

———◆◆◆———

Comprensión

A. Contesta las siguientes preguntas.

1. ¿Qué oye Calisto en la puerta de Melibea?
2. ¿Por qué cree que Celestina lo ha engañado?
3. ¿Por qué lloran Calisto y Melibea?
4. ¿Es verdad lo que dijo Celestina a Calisto?
5. ¿Qué quiere hacer con las puertas Calisto? ¿Por qué?
6. ¿De qué se preocupa Melibea?
7. ¿Por qué entran Pleberio y Alisa en el cuarto de Melibea?
8. ¿Qué les dice Melibea?

---

huir flee, run away   **turbada** upset
supiera only knew   **reposa** rests

B. Indica si las siguientes oraciones son ciertas (C) o falsas (F). Corrige la información falsa y cita las palabras o frases del acto que apoyan la información.

1. Calisto va a la casa de Melibea con sus sirvientes.
2. Resulta que Melibea odia a Calisto.
3. A Melibea le importa proteger su buena reputación.
4. Melibea no quiere que nadie se entere de la relación entre ella y Calisto.
5. Calisto le promete a Melibea que nunca volverá a su casa.
6. Los padres de Melibea saben que Calisto la está visitando.

C. ¿Qué opinas?

1. ¿Crees que Melibea hace bien en ocultar de sus padres sus sentimientos hacia Calisto? ¿Qué crees que pasaría si sus padres se enteraran del amor entre su hija y Calisto? Comparte tus ideas con tus compañeros de clase.
2. Si tú fueras Lucrecia, ¿qué harías para proteger a Melibea? ¿Hablarías con Pleberio y Alisa? ¿Por qué? Explica tu respuesta.
3. ¿Qué te parecen los comentarios de Pármeno? ¿Qué te parece la actitud de Sempronio? Discute con tus compañeros de clase las características de los sirvientes.

Antes de leer: *Según un dicho antiguo, hay honor entre ladrones. ¿Crees que habrá honor entre Celestina y los dos sirvientes? ¿Por qué?*

UNDÉCIMO ACTO

La codicia de los sirvientes y la muerte de Celestina

Sempronio y Pármeno sospechan que Celestina no compartirá con ellos el oro que le dio Calisto. Deciden ir a casa de Celestina para reclamarle° su parte de todo el oro. Pármeno piensa que deben espantarla.° Sempronio no quiere perder más tiempo.

Llegan a la casa, y Celestina se sorprende de verlos después de la medianoche. Los recibe de mala gana.° Sempronio está furioso. Celestina trata de distraerlo° hablando de Calisto y Melibea. Pero Sempronio habla de dinero. Dice que no tiene ni un maravedí,[1] y necesita dinero. Celestina sugiere que lo pida a Calisto. Sempronio le recuerda que Calisto les dio a los tres cien monedas y una gran cadena de oro. Celestina responde.

CELESTINA.   ¡Gracioso es el asno! ¿Qué tiene que ver° tu salario con los regalos que me dio Calisto? De todas maneras° di la pequeña cadenita de oro[2] a Elicia, y ella la ha perdido. Posiblemente unos hombres que entraron aquí la robaron. Yo hago mi trabajo como oficio° y me pagan como oficio. Para ustedes es pasatiempo. De todas maneras, si encuentro la cadena, les daré unos pantalones rojos que se ven bien en jóvenes como ustedes.

SEMPRONIO.   La riqueza hace a esta vieja avarienta.°

---

reclamarle demand of her
espantarla to surprise her
de mala gana unwillingly
distraerlo to distract him

¿Qué...ver What does it have to do
De todas maneras Anyway

oficio a trade or business
avarienta very miserly, stingy

[1] *maravedí*: an old Spanish coin. During this period, 750 maravedís bought one doblón. Recall that in the third act, Calisto had given Celestina *cien doblones*.

[2] Notice how Celestina belittles the gold chain, calling it *cadenita* ("tiny little chain").

PÁRMENO.	¡Celestina, danos lo prometido, o te quitaremos todo!
CELESTINA.	Les daré a ustedes diez muchachas mejores que Elicia y Areusa.
SEMPRONIO.	¡Danos nuestra parte del oro de Calisto!
CELESTINA.	Yo vivo de mi oficio limpiamente. Tú me viniste a buscar. Me viniste a sacar de mi casa. No me amenaces. ¡Aunque soy vieja, gritaré y me oirán! ¡Elicia! ¡Elicia! Trae mi manto. Voy a la justicia.°
SEMPRONIO.	¡Oh, vieja avarienta! ¿No te contenta la tercera parte del oro?
CELESTINA.	¿Qué tercera parte? ¡Fuera de mi casa o daré gritos a los vecinos!
SEMPRONIO.	¡Grita, que cumplirás lo prometido o terminarás tu vida!

Entra Elicia en este momento. Ve la espada que tiene Sempronio.

ELICIA.	¡Pármeno, deten° a Sempronio!
CELESTINA.	¡Justicia! ¡Justicia! ¡Me matan estos rufianes!
SEMPRONIO.	¡Ahora vas al infierno, hechicera!
CELESTINA.	¡Confesión!³ ¡Confesión! ¡Muero!
PÁRMENO.	¡Mátala, Sempronio, mátala!
ELICIA.	¡Mi madre ha muerto!
SEMPRONIO.	¡Huye, Pármeno! Viene mucha gente.
PÁRMENO.	¡Pobre de mí! ¡No se puede salir de aquí! ¡Allí está el alguacil!°

El alguacil y mucha gente capturan a Sempronio y a Pármeno.

----✦✦✦----

---

amenaces threaten   **deten** stop
justicia police, authorities   **alguacil** constable

³ It is important for Catholics to receive the last rites before death. *Confesión* means "Bring a priest so I can confess my sins and, therefore, go to heaven."

Comprensión

A. Contesta las siguientes preguntas.

1. ¿Por qué van Sempronio y Pármeno a la casa de Celestina?
2. ¿Qué quiere hacer Pármeno?
3. ¿Por qué se sorprende Celestina al ver a los dos hombres?
4. ¿Cómo los recibe? ¿Cómo está Sempronio?
5. ¿Qué sugiere Celestina?
6. Según Celestina, ¿qué pasó a la cadenita de oro?
7. ¿Qué quiere Celestina antes de morirse?
8. ¿Quién mata a Celestina?
9. ¿Qué les ocurre a Sempronio y Pármeno?

B. ¿Qué opinas?

1. ¿Tenían razón Sempronio y Pármeno? ¿Tenía razón Celestina? Explica tu respuesta y cita ejemplos del texto.
2. ¿Crees que la violencia puede solucionar conflictos personales? Comparte tus opiniones con tus compañeros de clase.
3. ¿En qué sentido son Celestina y los dos criados víctimas de la codicia? Explora este tema con tus compañeros de clase.

Antes de leer: *¿En qué sentido son Calisto y Melibea vícti-mas de sus propias pasiones?*

El triste fin de Calisto y Melibea

En la mansión de Calisto dos sirvientes, Tristán y Sosia, informan a Calisto que el alguacil y los jueces han decapitado a Sempronio y Pármeno porque ellos mataron a Celestina. Calisto teme que su amor secreto con Melibea sea ahora público. Manda que Tristán y Sosia preparen las escaleras para que esa misma noche Calisto pueda escalar las paredes del jardín de Melibea.

Por la noche llegan a las altas paredes. Calisto las escala y baja al jardín. Al ver a Melibea, dice:

CALISTO.   ¡Oh, imagen de un ángel! ¡Te tengo en mis brazos!

MELIBEA.   Señor mío, confío en ti.

                (Suenan tres campanadas.)

CALISTO.   Ya es la madrugada. El reloj dio las tres.

MELIBEA.   Ven de día por mis puertas y de noche, como tú mandes.

Calisto manda a sus criados que pongan las escaleras para su salida. Oye ruidos afuera y sale apresurado.

CALISTO.   ¡Tristán! ¡Sosia! Pongan las escaleras.

TRISTÁN.   ¡Cuidado, señor! ¡Agárrate° firme. ¡Cuidado! ¡Las manos, señor! ¡Sosia! ¡Se descalabró° Calisto!

Muere Calisto. Adentro Lucrecia se entera° de lo que ha pasado.

LUCRECIA.   ¡Escucha, Melibea! ¡Se descalabró Calisto!

MELIBEA.   ¿Qué oigo? ¡Amarga de mí!

Agárrate Grab, Hold on   **se descalabró** fractured his skull   **se entera** finds out

LUCRECIA.　　¡Calisto está muerto! ¡Muerto sin confesión!

MELIBEA.　　¡Soy la más triste entre las tristes!

Melibea, abatida,° va a la torre de su mansión. Dice que quiere estar junto a Calisto. Pleberio la ve y le habla.

PLEBERIO.　　Hija querida, ¿qué haces allí sola?

MELIBEA.　　Padre mío... Ha llegado mi fin. Escúchame. El estrépi-to° que oyes, el clamor de campanas, el alarido° de la gente, el aullido° de los perros, y el estrépito de las armas... De todo soy yo la causa. Calisto murió. Yo tengo que morir. ¡Calisto! ¡Espérame! ¡Oh, padre mío muy amado, Dios quede contigo y con mi madre! ¡A Dios ofrezco mi alma!

Melibea se lanza de la torre y muere.

PLEBERIO.　　¡Horror! Mi corazón se quiebra° de dolor sin mi amada hija. ¿Para quién edifiqué torres? ¿Para quién fabriqué barcos? Tierra, ¿por qué me sostienes? Melibea, ¿por qué me dejaste solo en este valle de lágrimas?

―――――◆―――――

Comprensión

A. Contesta las siguientes preguntas.

　1. ¿Qué le informan Tristán y Sosia a Calisto?
　2. ¿Qué teme Calisto?
　3. ¿Cómo entra Calisto al jardín de Melibea?
　4. ¿Cómo le llama Calisto a Melibea?
　5. ¿Cómo es el último encuentro entre los dos?
　6. ¿Cómo muere Calisto?
　7. ¿Cómo reacciona Melibea? ¿Adónde va?
　8. ¿Con quién habla ella? ¿Qué hace después?

---

abatida dejected　　　**alarido** scream　　　**se quiebra** breaks
estrépito noise　　　　**aullido** howling

B. Pon en orden cronológico (1–6) los siguientes acontecimientos del acto.

___ Sempronio y Pármeno fueron ejecutados por el alguacil y los jueces.

___ Pleberio se quedó solo en la torre.

___ Calisto se cayó.

___ Melibea murió.

___ El padre de Melibea habló con su hija.

___ Calisto llegó a la casa de Melibea con una escalera.

C. ¿Qué opinas?

1. Otros novios conocidos son Romeo y Julieta, los famosos personajes de Shakespeare. ¿En qué se parecen el amor de Calisto y Melibea y el de Romeo y Julieta? ¿En qué se diferencian? Explora las posibilidades con tus compañeros de clase.

2. ¿Qué piensas de la reacción de Pleberio cuando murió su hija? ¿Te sorprendieron sus palabras? ¿Por qué? ¿Qué te indica la conducta de Pleberio sobre la cultura de aquella época?

3. Si fueras crítico literario de una revista o un periódico y pusieras a las obras entre una estrella y cuatro estrellas, ¿cuántas estrellas pondrías a *La Celestina*? ¿Por qué? Comparte tus opiniones con tus compañeros de clase.

Vocabulario

The Spanish-English *Vocabulario* presented here represents the vocabulary as it is used in the context of this book.

Nouns are given in their singular form followed by their definite article only if they do not end in **-o** or **-a.** Adjectives are presented in their masculine singular form followed by **-a.** Verbs are given in their infinitive form followed by the reflexive pronoun **-se** if it is required; by the stem change **(ie), (ue), (i), (u);** or by the orthographic change **(c), (gu), (qu).** Another common pattern among certain verbs is the irregular **yo** form; these verbs are indicated as follows: **(g), (j), (y), (zc).** Finally, verbs that are irregular in several tenses are designated as **(IR).**

A
abatido, -a dejected
abrir to open
aceite, el oil
acercarse (qu) (a) to come near (to)
achaques, los aches and pains
acompañar to accompany
aconsejar to advise
acostarse (ue) to go to bed
acusar (de) to accuse (of)
adelante onward
además besides
adentro inside
¿adónde? where?
adorar to adore, worship
adverso, -a contrary
advertencia warning
advertir (ie) (i) to warn
agarrar to grab
agradecer (zc) to thank, show gratitude
agüero omen
ahora now
    ahora mismo right now
al + infinitive upon, on
ala, el (*f.*) wing
alabar to flatter, praise
alarido scream
alcahueta go-between
alcanzar (c) to obtain, achieve
alcoba bedroom

alegrarse (de) to rejoice; to be happy (about)
alegre happy
algo something
alguacil, el constable
alguien someone
alivio relief
allí there
alma, el (*f.*) soul
alto, -a tall; high
amansar to tame
amantes, los lovers, sweethearts
amar to love
amargo, -a bitter
amenazar (c) to threaten
amistad, la friendship
amo master
amor, el love
ángel, el angel
ante at
antes de before
aparte aside
apoyar to support
apresurar(se) to hurry, rush
aprovecharse (de) to take advantage (of)
apurar(se) to hurry, rush
aquí here
argumento plot
artefacto device
así so

asno jackass, donkey
astuto, -a astute, cunning
asunto matter
aullido howling
aun even
aún still, yet
aunque although
avariento, -a very miserly, very
   stingy
aventajar to surpass, excel
averiguar to find out
ayudar to help

B
bajar to go down
barba beard; *(pl.)* whiskers
barbudo, -a bearded
bastante sufficient
belleza beauty
bello, -a beautiful
bienvenido, -a welcome
blanco, -a white
bolsa purse
bravo, -a ill-tempered
brazo arm
bruja witch
brujería witchcraft
buscar (qu) to look for

C
cabello hair
cabra goat
cadena chain
caerse (IR) to fall down
calmarse to calm down
camino way, road
campanada peal *(of a bell)*
canción, la song
capturar to capture
cara face
castigar (gu) to punish
caza hunt, hunting
celebración, la celebration
celoso, -a jealous
cerrar (ie) to close

cesta basket
cielo heaven
cirujano surgeon
clamor, el toll *(of bells)*; clatter
claro, -a clear; pure
codicia greed
como as, like
   como si as if, as though
   ¿cómo? how?; what?
compartir to share
compasión, la compassion
confianza trust
confiar(se) (de *or* **en)** to trust (in)
confundirse to become confused
conjurar to conjure, summon
conocer (zc) to know, recognize
   se conoce it is clear; it is
     recognized
conquistar to win over
conseguir (i) to obtain, acquire
consejo advice, counsel
consentir (ie) (i) to agree, consent
consigo with him, her, you
consolar (ue) to console
constructor, el builder
consuelo consolation
contar (ue) to tell
contigo with you *(fam.)*
contra against
contradecir (IR) to contradict
convencer (z) to convince
convertir (ie) (i) (en *or* **a)** to turn
   (into); to convert (to)
corazón, el heart
cordón, el cord
corresponder to correspond, return
   (affection)
cortar to cut
cosméticos cosmetics
costurera seamstress
crear to create
creer (IR) to think, believe
criado servant
cristiano, -a Christian
¿cuál? which?; what?

cuando when
¿cuándo? when?
cuarto, -a fourth
cuello neck
cuerpo body
¡cuidado! be careful
cuidar to care for, take care
cumplir to keep, fulfill (a promise, one's word)
curar to cure

D

dañar to harm, damage
dar (IR) to give
   dar fe to give one's word
   darse cuenta de to realize
deber ought, should
débil weak
decapitar to behead
decepcionarse to be disappointed
decidir to decide
décimo, -a tenth
decir (IR) to say, tell
   dile tell him, her
   dime tell me
dejar to let, allow; to leave
depender (de) to depend (on)
derribar to knock down
desastroso, -a disastrous
descalabrar(se) to fracture one's skull
describir to describe
descubierto, -a discovered, found out
desde since; from
   desde adentro from inside
   desde que since
deseo desire
deshacerse (IR) to get rid of
desleal disloyal
despachar to get rid of, send away
despedir (i) to dismiss, fire
   despedirse (de) to say good-bye (to), take leave (of)
despegar (gu) to remove

despierto, -a awake
después afterwards, later
   después de after
detener (IR) to stop
dicho saying
diente, el tooth
difícil difficult
digno, -a worthy
dilatar to stall, prolong
dinero money
Dios God
dirigirse (j) (a) to head (toward)
disculpa excuse
distraer (IR) to distract, divert attention
   distraerse to amuse oneself
doblón, el doubloon (old Spanish gold coin)
dolor, el ache, pain
   dolor de muelas toothache
donde where
¿dónde? where?
dormir (ue) (u) to sleep
dragón, el dragon
duda doubt
dulce sweet
duodécimo, -a twelfth
durar to last

E

edad, la age
edificar (qu) to build, construct
emoción, la emotion, excitement
emplumado, -a feathered
emplumar to (tar and) feather
en in
   en cambio in return, in exchange
   en el camino on the way
   en realidad really
enamorada sweetheart, female lover
enamorado sweetheart, male lover
enamorarse (de) to fall in love (with)
encargo assignment, task
encontrar (ue) to find

encubierto, -a cloaked, covered up
encuentro meeting, encounter
enfadado, -a angry
enfermedad, la illness, sickness
enfermo, -a sick (person)
engañar to deceive
engaño deception
enojado, -a angry
enojarse to become angry
entender (ie) to understand
enterarse (de) to find out (about)
entonces then
entrar (en) to enter, go (into)
entre between, among
entrevista meeting, interview
envidia envy, jealousy
escalar to climb, scale
escalera ladder
escapar to escape
escondido, -a hidden
escrito, -a written
escuchar to listen, hear
esfuerzo effort
espada sword
espantar to surprise, startle, frighten
esperanza hope
esperar to wait
esposa wife
estrépito noise, clatter
éxito success
explicar (qu) to explain
explotar to exploit
expresar to express
extraviarse to get lost

F
fabricar (qu) to build, manufacture
falso, -a false
fama reputation
fiel faithful, loyal
fin, el end
finalmente at last, finally
fingido, -a pretended, false
fortuna fortune (*wealth*); fate

forzar (ue) (c) to force
fuego fire
fuerte strong

G
gana will
  de mala gana unwillingly
gastar to spend
generosidad, la generosity
gente, la people
gentil genteel, noble
gloria glory
glorioso, -a glorious
gozar (c) to enjoy
gracioso, -a funny; gracious
gran great
grandeza greatness
gritar to shout, cry out
grito shout, scream
guardar to keep, put away
  guardar en secreto to keep secret

H
hablarse to talk to oneself
hacer (IR) to make
hacia toward
halago flattery
halcón, el falcon
hasta as far as; until
hechicera witch
heredera heir, inheritor (*female*)
herejía heresy
hermoso, -a beautiful
hiel, la gall, bile
higo fig
hijo thread
honrado, -a honest
huerto garden, orchard
huir (y) to flee

I
iglesia church
igual equally, the same
imagen, la image, vision

impaciente impatient
impedir (i) to prevent, stop, hinder
indignado, -a irritated
infierno hell
informar to tell, inform
inoportuno, -a untimely,
  inopportune
insistencia insistence
intención, la intention
interesarse to be interested
inútil useless
ira rage, anger
irritado, -a irritated, exasperated
irse (IR) to go away

J
jardín, el garden
jarro jar, jug
joven, el young man
joven, la young woman
joya jewel
juez, el judge
juntar to join
junto a next to
juntos, -as together
justicia authority, police
juventud, la youth
juzgar (gu) to consider, judge

L
lado side
lágrima tear
lamentarse to lament, wail
lana wool
lanzarse (c) to jump off
largo, -a long
laúd, el lute
leal loyal, faithful
lengua tongue, language
levantarse to get up
librar to free
limpiamente cleanly, honestly, fairly
limpio, -a clean, honest
lindo, -a pretty, beautiful

llamar (a) to call (to)
llave, la key
llegar (gu) (a) to arrive, come (to);
  to reach
llevar to take
llorar to cry
loba female wolf
locamente insanely, crazily
locura insanity
luego next, then

M
madrugada dawn
maestra expert, master
mal, el affliction, illness
maldito, -a wretched
malvado wicked man
mandar to order
manto shawl
mañana morning; tomorrow
maravedí old Spanish coin
más que more than
matar to kill
mayor greater
medianoche, la midnight
mejor better
melancólico, -a gloomy, sad
mensaje, el message
mentir (ie) (i) to lie, tell a lie
mentiroso, -a lying
merced, la mercy
merecedor, -a worthy, deserving
merecer (zc) to deserve, merit
miel, la honey
mientras tanto meanwhile
mirar to look (at)
miserable wretched
misma herself, itself
  la misma sospecha suspicion
    itself
moneda coin
morir (ue) (u) to die
mostrar (ue) to show; to seem
motivo motive, reason

muela tooth
muerte, la death
mundo world
murciélago bat
murmurar to gossip, speak ill of

N

nada nothing
navío ship
necesitar to need
ni nor, not; not even
    ni...ni neither . . . nor
    ni por un instante not for a
      moment
nieve, la snow
niñez, la childhood
noticias news
noveno, -a ninth
nuevamente again, once again

O

obtener (IR) to get, obtain
ocasión, la chance, opportunity
octavo, -a eighth
ocurrir to happen
oficio trade, business
ofrecer (zc) to offer
oír (IR) to hear
olvidar to forget
oportunista opportunistic
oración, la prayer
orden, el order, sequence
oro gold
osadía daring, nerve
osado, -a daring, bold
otro, -a other, another

P

paciencia patience
pagar (gu) to pay
pantalones, los pants
papel, el paper
para for
para que so that, in order that

parecer (zc) to seem
pared, la wall
pasado, -a overripe
pasar to happen; to pass
pasatiempo pastime
paz, la peace
pedir (i) to ask (for)
peligro danger
peligroso, -a dangerous
penoso, -a sorrowful, painful
pensar (ie) to think; to plan
peor worse, worst
perder (ie) to lose
    perder el seso to lose one's mind
perdonar to forgive
perfumera perfume maker
perla pearl
personaje, el character
pestaña eyelash
piel, la skin; hide (*of an animal*)
placer, el pleasure
pobre poor
poder (IR) to be able
poder, el power; authority
poderoso, -a powerful
ponerse (IR) to place oneself; to
    put on
    ponerse a salvo to be on safe
      ground
por for; because of
    por entre through
    por medio de by means of,
      through
    por su parte on his part
¿por qué? why?
porque because
preferir (ie) (i) to prefer
preguntar to ask
premio reward, prize
preocuparse (de or **por)** to worry
    (about), be concerned (about)
prepararse to prepare oneself, get
    ready
presencia presence

presentar to introduce
prevenido, -a arranged, provided for
prevenir (IR) to warn
primer, -o, -a first
prima cousin (*female*)
privar to deprive
prometer to promise
prometido, -a promised
    lo prometido what was promised
pronto soon
proteger (j) to protect
provecho advantage, profit, benefit

Q

que that, who, which, what
¿qué? what?
quebrar (ie) to break
quedarse to remain, stay
quejarse to complain
quemado, -a burned
quemar to burn
querer (IR) to want, wish
quien who; the one who
¿quién?, ¿quiénes? who?
quinto, -a fifth
quitar to take away

R

razón, la reason
reaccionar to react
rechazar (c) to reject
recibir to receive
recitar to recite
reclamar to claim, demand
reconocer (zc) to recognize
recordar (ue) to recall; to remind
regalo gift
regresar to return
reír(se) (i) (de) to laugh (at)
relación, la relation
religión, la religion
reloj, el clock
remedio remedy; recourse
reposar to rest

responder to respond, answer
reverendo, -a respected, revered
rezar (c) to pray
rico, -a rich
rincón, el corner (*of a room*)
riqueza wealth
rivalidad, la rivalry; enmity, ill will
rogar (ue) (gu) to beg, plead
rojo, -a red
ropa clothing
rufián, el scoundrel, thug
ruido noise

S

saber (IR) to know; (*preterite*) to find out, learn of
sacar (qu) to extract, take out
    sacar provecho de to take advantage of, make a profit from
salir (g) to leave
saltaparedes, el wall-jumper (*a young, mischievous, wild person*)
salud, la health
saludar to greet
salvar to save
sangre, la blood
santo saint
santo, -a holy, blessed
sastre, el tailor
satisfecho, -a satisfied
saya skirt
secreto secret
    guardar en secreto to keep secret
secundario, -a secondary
sed, la thirst
seguir (i) (gu) to follow; to continue
según according to
segundo, -a second
sentarse (ie) to sit down
sentir(se) (ie) (i) to feel
séptimo, -a seventh
ser (IR) to be
serpiente, la snake

seso (*fig.*) reason, intelligence
    perder el seso to lose one's mind
sexto, -a sixth
siervo slave
significado meaning
sin without
    sin embargo nevertheless,
      however
sirvienta servant (*female*)
sirviente, el servant (*male*)
sobre about, of
soledad, la loneliness
solimán, el skin spot remover
sólo only
solo, -a alone
solucionar to resolve
sonar (ue) to sound, ring
sorprenderse (de) to be surprised
    (at)
sospecha suspicion
sospechar to suspect
sostener (IR) to support
subir to go up
suceder to happen, occur
sucumbir (a) to succumb, yield (to)
sugerir (ie) (i) to suggest
suponer (IR) to suppose
suyo, -a his, hers, yours

T
también also
tan such a
    tan...como as . . . as
tejer to weave
temer to fear
temible fearful, to be feared
temor, el fear
templarse to control oneself
tener (IR) to have
    tener miedo de *or* **a** to be
      afraid of
    tener prisa to be in a hurry
    tener razón to be right

    tener vergüenza to be ashamed,
      embarrassed
tercer, -o, -a third
terminar to finish, end
tierra earth, ground
tocar (qu) to knock; to touch; to
    play (*an instrument*)
tonto fool
toparse (con) to run into
torpe dense, dim-witted fool
torpeza foolishness, denseness
torre, la tower
trabajo work, job
traer (IR) to bring
traidor, -a disloyal, treacherous
trasquilar to shear
tratar to treat
    tratar con to deal with
    tratar de to try to
trato deal, dealing
triste sad
tristeza sadness
turbado, -a upset, perturbed
tuyo, -a your, yours

U
último, -a last
undécimo, -a eleventh
único, -a only
unirse to join, unite
untar to smear
urgir (j) to urge, be urgent

V
vacilar to hesitate
valle, el valley
varios, -as several
vejez, la old age
vender to sell
veneno poison
venir (IR) to come
verdad, la truth
verdadero, -a true, real

verde green
vergüenza shame, embarrassment
verificar (qu) to verify, ascertain
verse to see oneself, find oneself
vez, la time
   una vez once
víctima victim
vida life
vieja old woman
virtud, la virtue
visita visit
visitar to visit
volar (ue) to fly
volver (ue) to return
voz, la voice

Y
ya already; now